NOTICE

SUR

L'HISTOIRE NATURELLE

DES ENVIRONS DE VEVEY.

GÉOLOGIE.

A l'issue de la gorge profonde dans laquelle coule la Veveyse s'étend un terrain d'alluvion relevé dans sa partie centrale au milieu de laquelle le torrent continue son cours ; ses bords sont abaissés des deux côtés, comme on l'observe du reste dans tous les torrents alpins. Le sol forme une saillie frappante dans le lac, surtout lorsqu'on l'observe depuis une hauteur voisine ; c'est sur le penchant oriental qu'est située la ville de Vevey ; le sol n'est cependant pas uniquement d'alluvion, car une ligne de rochers semble le traverser du nord au sud depuis la rue de Lausanne à l'ancien port ; dans ces deux localités l'on trouve la roche en place qui, comme le terrain environnant, appartient à la *molasse*. Ce genre de dépôt se trouve dans toute la partie de la Suisse située entre les Alpes et le Jura ; elle porte les noms de *poudingue* ou *gompholite* lorsque les parties de roche dont elle est formée sont arrondies et de la grosseur du gravier, de *grès* lorsque le ciment calcaire prédomine et donne une certaine tenacité à la masse. La *molasse* proprement dite est formée d'une forte proportion de sable siliceux d'une grosseur égale ; enfin dans la *marne* l'argile est unie au calcaire. Les couches de cette formation vont du nord-est au sud-ouest ; elles sont presque horizontales à Lausanne, presque perpendiculaires à Belmont, aux environs de Vevey leur inclinaison varie de 20 à 30 degrés.

MOLASSE.

Le pays situé entre la Veveyse et la baie de Clarens est presque exclusivement marneux et par-là même très-fertile, le terrain est caractérisé par la présence de débris assez fréquents de *Palmacites lamanonis*, espèce de palmier qui ressemble au *Chamœrops humilis* qui croit sur les bords de la mer Méditerranée, mais le Palmacites avait une végétation beaucoup plus vigoureuse et ses feuilles ont atteint jusqu'à 12 pieds de diamètre; les autres pétrifications que j'ai rencontrées sont les feuilles de *Rhamnus terminalis* et un *fucus* ressemblant assez au *fucus vésiculosus*. L'on n'a pas rencontré de lignite dans cette partie du Jorat, pas plus que des coquillages ou des fragments d'animaux vertébrés; le minéralogiste y trouvera fréquemment de jolis cristaux de carbonate de chaux métastatique et en dents de chien. L'état du terrain et les pétrifications dont nous venons de parler nous font supposer que cette contrée formait anciennement une île d'une surface d'environ une lieue carrée; il devait en exister une plus grande de Villette à Chéseaux, dont la surface était de plusieurs lieues, avec une végétation analogue, mais peuplée d'animaux assez grands: des parties de squelettes de rhinocéros n'y sont pas très-rares. La principale exploitation de lignite se trouve dans ce terrain à Pully, Belmont, et continue dans la direction du sud-ouest au nord-est en passant par Ecoteaux et Semsales. Cette espèce de charbon de terre a perdu par le lavage, probablement, la majeure partie des matières huileuses qui le caractérisent à l'ordinaire. Les couches marneuses supérieures et inférieures au lignite nous ont seules offert des coquillages ; ce sont des moules et des planorbes, que Razoumowski, dans son Histoire naturelle du Jorat, tome II, p. 56, rapporte à l'*Helix planorbis*, *Helix pellucida*, *Mytulus anatinus* et *Mya minima*. Je doute que l'on puisse rapporter ces fossiles à des espèces encore vivantes aujourd'hui dans la même localité ; on y a aussi observé des fragments de tige et de feuilles de graminées.

Au pont de Tavel, au-dessus de Clarens, la molasse prend la forme de poudingue ; l'on n'a pas encore pu déterminer ses limites et son point de rencontre avec le calcaire. (M. le professeur Stouder ne l'a observé que près du pont de Fingire, dans le voisinage de Châtel). Le château du Châtelard, près duquel on a trouvé une couche de lignite, repose encore sur la molasse.

A l'occident de la Veveyse le mont Pélerin nous présente des poudingues en grandes masses. On ne doit pas s'attendre à trouver dans un sol formé de cailloux agrégés des pétrifications végétales ou animales, ce genre de sol a dû être très-peu fertile ; cependant sur la nouvelle route de Châtel, à la hauteur de Jongny, l'on voit une couche marneuse avec un peu de charbon de terre et des empreintes de feuilles de *Rhamnus terminalis* et de quelque grande espèce de graminée. Au-dessous de Nan on a aussi trouvé quelques couches minces de lignite.

Au pied du mont, au bord de la Veveyse, l'on voit un monticule, résultat d'un travail fait dans le temps par le grand glacier du Rhône ; c'est un dépôt circulaire stratifié de gravier, sable et limon, qui a vingt minutes de longueur, une largeur de quelques cents pieds et une hauteur de 60 à 100 pieds; le village de Corsier est situé sur ce terrain. L'on observe à diverses hauteurs de la montagne des dépôts analogues, à Corseaux, à l'orient de Jongny; le plus élevé est situé à l'endroit où la nouvelle route de Châtel-Saint-Denis rejoint l'ancienne, mais là il n'est plus stratifié et il prend l'apparence d'une moraine. Des dépôts de même origine se trouvent à diverses hauteurs sur le terrain marneux au-dessus de Vevey. Celui de Leyterens et des Chevalleyres près de Saint-Légier paraît contemporain de celui de Jongny ; à son pied, près du châlet Levade, l'on observe quelques blocs erratiques dont le plus gros est tombé dans la Veveyse.

Dans la partie supérieure du Pélerin, en face de la

vallée du Rhône, des roches frottées et polies nous indiquent que le grand glacier qui couvrait dans le temps le canton de Vaud était beaucoup plus élevé que le sommet de cette montagne, qui atteint cependant 2250 pieds au-dessus du lac.

Derrière le mont de Chardonne, à 2 lieues de Vevey, est situé le lac de Bret, à 1000 pieds au-dessus du Léman. Ce petit lac poissonneux a 30 minutes de longueur, sur 10 de largeur. Sa formation a toujours excité la curiosité de ceux qui l'ont visité; une ancienne tradition analogue à celle de Philémon et Baucis circule encore entre les habitants de son voisinage; les plus crédules veulent même avoir observé, dans un temps bien calme, le coq du clocher, autour duquel était situé le village inhospitalier; l'humble maison qui donna asile au pauvre voyageur subsiste encore : M. le doyen Bridel (*Conservateur suisse*, t. VIII, page 63) lui attribue la même origine qu'aux lacs de Joux et des Brenets. Ces lacs, dit-il, avant le douzième siècle étaient des marais tourbeux; les moines bouchèrent les ouvertures par lesquelles les eaux s'échappaient, et les élevèrent à leur niveau actuel. Ce furent aussi, à ce qu'il pense, les moines du haut Cret, amateurs de poissons, qui formèrent à cette époque cette digue ou barre qui retient les eaux du côté du midi. Le géologue qui l'observera y reconnaîtra facilement plusieurs gros blocs de roches étrangères au Jorat qui n'ont pas pu être transportés par des hommes, les poudingues de Valorsine, le calcaire des Alpes, le granite, et des sables analogues à ceux qu'on trouve dans les moraines au pied des glaciers. Il verra la barre se prolonger au levant, et les eaux du petit ruisseau, le Foretay, qui sort du lac, faire un détour au nord d'une demi-lieue en suivant la digue, et reprendre ensuite la direction de la pente du côté du midi. Il se figurera que ce joli lac a été formé par une moraine du glacier du Rhône dans sa période de décroissement, que ce travail est contemporain de plusieurs autres situés sur le Jorat (au bois de La Chaux sur Lutry, et aux Cases, sur la route de Lausanne à Savigny). Il arrivera facilement à cette idée, en faisant attention aux divers blocs erratiques situés sur les deux côtés du vallon qui conduit de Chexbres au lac de Bret. Ces blocs appartiennent en grande partie au calcaire, et sont de la même espèce que ceux que j'ai observés au bois de La Chaux, sur Lutry; le plus curieux est à *Pierrevieille*, à droite de la route en montant; on l'exploite depuis longtemps, et il a dû être le plus gros du Jorat.

CALCAIRE.

Toutes les montagnes au levant appartiennent à diverses formations calcaires, courant parallèlement du nord au sud. Les premières lignes nous présentent des dômes arrondis, ressemblant assez aux sommités jurassiques et recouverts comme eux d'une couche végétale d'une certaine profondeur. A ce premier rempart des Alpes nous rangerons les montagnes de la Playau, le Cubly, le Folly, le Patelliau et Saudannaz, la Plagne, la Forclaz, Jor et Cheissy, et probablement la localité où l'on exploite la carrière de *La Chaux*, à une demi-lieue au levant de Châtel-Saint-Denis. La roche exploitée appartient à la formation ammonéenne, elle renferme une grande quantité de pétrifications parmi lesquelles on remarque les *ammonites trifurcatus*, *triplex*, *flexuosus*, l'*aptychus imbricatus*, l'*aphycus levis*, *hemicidaris angularis* et des *belemnites*.

Une seconde chaîne parallèle appartenant au terrain crétacé nous présente des montagnes toujours nues, la croûte végétale qui les recouvre est peu profonde. En partant du lac nous trouvons *Taulant*, *Cau*,

Chamozalles, *Maerdasson*, *Jaman*, *les Verraux* (Corcy et Porciaz), le gros *Caudon*, *Chersaulaz* et la Dent de *Lys*. Un petit chaînon parallèle part de Chillon, au-dessus duquel sont les monts de *Sonchaux* et *Libozon*, les rochers de *Naye* et *Bonaudon*. La montagne la plus élevée est Naye, remarquable par ses crevasses, dont l'une, près du châlet, forme une glacière naturelle, *le fairtho d'eigrain* (la cave qui dégoûte), et *la tanna à l'oura* (la grotte au vent), autre crevasse à travers laquelle s'échappe continuellement un fort vent glacé; on peut consulter le *Conservateur suisse*, t. VI, page 146, l'on y trouvera des détails très-intéressants sur cette montagne, ainsi que sur la plupart de celles qui l'avoisinent; l'auteur fait voir en particulier que la plupart des noms de ces localités sont d'origine celtique. La Céphise, joli ruisseau qui sort à dix minutes du lac au-dessus de Grandchamp, non loin de Chillon, et dont l'eau est utilisée pour un moulin à écorce, paraît venir de Naye par l'une de ces crevasses, car les petites élévations qui le dominent, Sonchaux et Libozon, ne pourraient fournir une source aussi considérable, d'autant plus que les eaux sont plus abondantes en été qu'en hiver, ce qui ferait présumer qu'elles proviennent de la fonte des neiges accumulées dans quelque localité de la partie alpine de la montagne. Dans les flancs du côté du nord on va visiter plusieurs cavernes peu connues des géologues. On exploitait anciennement dans la partie inférieure, du côté de Bonaudon, une mine de fer, dont les usines étaient au bord de l'Hongrin. La partie du côté du couchant est taillée à pic, à son pied est accumulée une masse de débris parmi lesquels on remarque quelquefois des ammonites de grandes dimensions.

Jaman, les Verraux et la Dent de Lys nous offrent les arêtes les plus rapides et présentent à l'horizon les découpures les plus anguleuses.

Dans les environs de Montreux on trouve des masses de tuf déposées par les sources considérables qui sortent du calcaire ; l'église est bâtie sur un dépôt de ce genre, et sous la terrasse existe une jolie grotte ornée de stalactiques et de stalagmites. Le même sol se retrouve au marais de Chaulins, où l'on voit le *scex que pliau* (le rocher qui pleut) et ses jolies incrustations.

Trois sources sulfureuses froides jaillissent du calcaire de nos environs, l'une à *l'Alliaz*, où l'on a construit des bains ; cette localité très-pittoresque est située dans la commune de Blonay, à deux lieues de Vevey ; voyez le *Conservateur suisse*, t. VI. La seconde source dans les marais de *Chaulins* n'est pas utilisée. Enfin, on en a trouvé une troisième à La Combaz, près du château de Chillon; on y a commencé la construction d'un établissement de bains qui dépend de l'hôtel Byron.

La limite du terrain erratique sur ces diverses montagnes paraît être à 3500 pieds. On trouve encore des blocs à 300 pieds au-dessus de l'Alliaz; les ravins de Villars ou Saumon, au-dessus de Brent, nous présentent de grands dépôts de gravier; mais les plus élevés et les plus étendus sont aux *Mossettes* et aux *Lanchy*, près des sources de la Veveyse, derrière le Playau.

Cette partie du pays, située en dehors de la ligne de mouvement du glacier, ne devait pas être sur la route des blocs erratiques, aussi y sont-ils peu abondants.

Dans la direction de la Dent du Midi on aperçoit à une certaine élévation de la montagne la Chaumigny, une paroi de rochers nus; c'est de là que quelques auteurs font partir l'éboulement qui, en 563, ensevelit *Tauretunum* et inonda *Pennilucus* (Villeneuve), *Viviscum* (Vevey) et *Losonium* (Lausanne); ce qu'il y a de certain, c'est que Port-Valais est situé aujourd'hui à une demi-lieue du lac, que ce village est séparé du Bouveret par une masse de grands rocs éboulés, dont une partie est enterrée dans les graviers; ces blocs paraissent avoir plus ou moins arrêté ou détourné le Rhône qui a déposé du côté du Valais le gros gravier, au milieu de la vallée le sable, et aux environs de Rennaz et de Villeneuve le limon. On dirait même que, dans cette partie, l'inondation a eu lieu sous forme boueuse et en une seule fois, que cette boue avait une certaine consistance, de manière que les pierres restaient à sa surface ; ces pierres par la suite se sont enfoncées par leur poids, et on en retrouve ordinairement un lit à 2 ou 3 pieds de profondeur. (Lors de l'éboulement de la Dent du Midi, en 1835, il y a eu aussi une inondation de boue qui a recouvert une partie de terrain vis-à-vis de Lavey.) M. Nicollier, propriétaire de la Grange des Tilles, près Rennaz, faisant des sondes dans plusieurs endroits de son domaine, a toujours retrouvé une couche de limon argileux de 7 à 8 pieds de profondeur sur un ancien gazon où il a très-bien reconnu des prêles. Sur ce vieux gazon étaient des briques romaines, ce qui confirmerait l'idée d'une inondation dans cette contrée, postérieure au temps des Romains.

Les amateurs de roches, de pétrifications et de marbres, en trouveront une grande variété à l'établissement de M. Doret, à l'Arabie, près Vevey.

J'ai déposé dans l'une des salles du Collége de Vevey, pour l'étude du terrain erratique, une collection des principales roches de la vallée du Rhône; on peut s'en procurer de semblables, ainsi que la plupart des minéraux des Alpes, chez M. Em. Thomas, naturaliste, aux Devens, près Bex.

A cinq lieues de Vevey se trouvent les salines de Bex, c'est pour le géologue une des localités les plus intéressantes de la Suisse ; le roc salé s'y trouve dans *l'anhydrite* ou *sulfate de chaux anhydre*. Le calcaire, dans lequel ces dépôts se rencontrent, appartient au *lias*. Le minéralogiste trouvera, outre ces roches, du *soufre natif* et ces magnifiques cristaux de *sélénite* d'une transparence parfaite, que l'on n'a rencontrés jusqu'à présent qu'en Sicile et dans cette localité. L'établissement des salines est très-connu des naturalistes, il serait superflu d'entrer dans de plus grands détails. (Consulter à ce sujet l'article *Bex*, dictionnaire de la Suisse par Leresche.) M. de Charpentier, auteur de plusieurs ouvrages de géologie, et qui vient de publier un travail sur les blocs erratiques de la vallée du Rhône, dirige la partie des mines.

Pour les principales hauteurs des montagnes on peut consulter l'ouvrage de M. Alphonse De Candolle et le catalogue des plantes du canton de Vaud.

En voici le résumé en pieds de France au-dessus de la mer :

Pélerin.	3301
Bains de l'Alliaz. . . .	3232
Cubly.	3672
Folly.	5341
Playau.	4186
Châtel-Saint-Denis. . .	2497
Jaman.	5761
Lys.	6132
Molézon.	6167
Naye	6299
Lac Léman.	1145
Lac de Bret.	2150

BOTANIQUE.

Peu de localités offrent une plus grande variété de terrain et d'exposition. Les glaciers, les sables, les tourbières, les marais nous offrent les stations les plus nombreuses, soit dans la vallée, soit sur les montagnes à plusieurs mille pieds. Si nous joignons à cela qu'en 5 heures de marche l'on peut arriver facilement sur des montagnes qui atteignent presque la limite des neiges éternelles, nous comprendrons que sur une surface de quelques lieues carrées nous pouvons trouver environ 1200 espèces de végétaux vasculaires, les deux tiers des plantes du canton de Vaud.

Dans les environs de Chillon, la nature du rocher calcaire et sa pente rapide n'ont pas permis de la mettre en culture, aussi cette localité fertile et si bien exposée nous offre une variété d'arbres que l'on chercherait en vain ailleurs, et y constitue une des forêts les plus remarquables ; l'on y observe (sans compter les arbres fruitiers qui s'y sont semés) deux espèces de *chêne*, deux espèces de *tilleul*, deux espèces d'*ormeau*, le *frêne*, trois espèces d'*érable* (dont l'acepolifolium), le *hêtre*, la *charmille* et le *pin sylvestre*; les arbrisseaux suivants : le *cormier*, le *houx*, l'*if*, le *cytise* et le *cerisier de Sainte-Lucie*.

L'*aulne*, le *bouleau*, le *sapin* y sont très-rares. Ce n'est qu'à 3000 pieds au-dessus du lac que le *sapin rouge* constitue seul des forêts d'une certaine étendue, à une hauteur moins grande du côté du couchant. Nous le trouvons en mélange avec le *hêtre* et le *sapin blanc*, le *sorbier*, l'*alisier* et l'*if*.

La végétation alpine commence à Avan. Jaman est tout-à-fait alpin, ainsi que les Verraux et Lys; Nayes, quoique plus élevé, renferme peu de plantes spéciales; les derniers sapins s'élèvent sur cette montagne à 5000 pieds environ. — Les montagnes moins élevées ont leur croupe complètement boisée; on y voit quelquefois les deux érables alpins, le plane y est fréquent. Du reste peu de plantes spéciales.

L'industrie a introduit dans nos environs tous les arbres et arbustes les plus utiles à l'homme. Au premier rang figure *la vigne* que l'on cultive jusqu'à une hauteur de 1000 pieds au-dessus du lac; nos raisins appartiennent à une variété du chasselas et sont renommés pour leur bonté; ils donnent un vin recherché dans toute la Suisse. La viticulture est encouragée d'une manière très-active par la Société dite *Abbaye des Vignerons* qui existe depuis des siècles. Le *mûrier blanc* réussit très-bien, ainsi que l'attestent quelques pieds d'une certaine grosseur plantés dans le temps par des émigrés français après la révocation de l'édit de Nantes. Les *noyers* sont magnifiques dans certaines localités chaudes au bord des eaux; ils croissent jusqu'à une hauteur de 2000 pieds au-dessus du lac, ainsi que la plupart des *arbres fruitiers*.

Le terrain a trop de valeur pour permettre la culture du *châtaignier ;* l'on n'en trouve que quelques forêts aux environs de Chillon ; leurs fruits sont très-estimés. L'on rencontre çà et là des *figuiers* dans les expositions chaudes ; il en existait de magnifiques à Clarens, dont le tronc avait plus d'un pied de diamètre ; ils n'ont pu supporter le rigoureux hiver de 1829 à 1830. Autour de Montreux le *laurier* noble et le *romarin* réussissent très-bien et s'élèvent en buissons plus ou moins hauts. Le *grenadier* mûrit quelquefois ses fruits dans les localités abritées au bord du lac. L'*olivier* est assez rare, il était cultivé anciennement à Saint-Saphorin ; l'on y payait même la dîme en olives.

CATALOGUE DES PLANTES RARES DES ENVIRONS DE VEVEY

Vevey et les environs. Arabis muralis, Sedum rupestre, Hieracium glaucum, Asperugo procumbens Anagallis tenella (chaulins) Amaranthus sylvestris, Malaxis Lœselii, Ornithogalum nutans, Cyperus longus, Stypa capillata, Avena fatua, Arundo sylvatica, Acrostichum septentrionale.

Plantes alpines dans la plaine. Saxifraga aizoides, Centaurea Phrygia, Hieracium statice folium et prœnanthoïdes, pinguicula alpina.

Villeneuve. Nasturtium sylvestre, Hieracium Jacquini et amplexicaule, chenopodium glaucum, Blitum virgatum, Gladiolus palustris, Carex pseudocyperus.

Roche. Silene armeria et otites, Potentilla caulescens, Cervaria alsatica, Cineraria alpina, Chrysocoma linosyris, Lactuca percunis, Gentiana utriculosa, Salvia verticillata, Nepeta nuda, Calamintha nepeta, Cyclamen hederœfolium, Zannichelia palustris, Ruscus aculeatus, Scirpus tabernœmontani, Stypa pinnata, Marsilea quadrifolia.

Pélerin. Pyrola uniflora, Arbutus uva ursi, Lithospermum purpures cœruleum, Melampyrum nemorosum, Euphrasia linifolia, Goodyera repens, Carex gynobasis.

[illegible] *de Châtel.* Saxifraga hirculus, Thysselinum palustre, Cicuta virosa, Scheuchzeria palustris.

Playau. Sedum villosum, Cinneraria cordifolia, Sversia perennis, Gentiana aselepiadea, Sheuchzeria palustris, Neottia cordata.

Jaman. Delphinium intermedium, Oxytropis uralensis, Astragalus aristatus, Achillea macrophylla, Lampsana fœtida. Hieracium valdepilosum et montanum, Gentiana nivalis, Tozzia alpina, Androsace Helvetica et chamœyasme, Betula viridis, Salix grandiflora, Carex atrata, ericetorum, capillaris, Polystichum rigidum, Blechnum spicant.

Nayes. Anemone vernalis, Phaca australis et frigida, Saxifraga androsacea, Eryngium alpinum, Hieracium, cymosum aurantiacum et multiflorum, Campanula barbata, Gentiana bavarica, Salix hastata.

Le botaniste consultera pour plus amples détails le catalogue des plantes vasculaires du canton de Vaud que j'ai publié en 1836; il pourra trouver chez M. Emanuel Thomas toutes les plantes rares de la Suisse, desséchées et déterminées avec soin.

ZOOLOGIE.

Une population nombreuse, intelligente et laborieuse, a su utiliser le sol jusque dans ses parties les plus arides et les plus élevées; nous devons aussi nous attendre qu'elle a su éloigner tous les animaux nuisibles, ainsi que ceux qu'elle a jugés inutiles. Il n'y a aucun doute que dans les temps anciens cette contrée devait être peuplée d'ours, de loups et probablement d'aurochs; il ne serait pas impossible que le castor n'eût habité les bords du Rhône supérieur, comme il habite encore aujourd'hui ses rives du côté de Lyon : l'on a même indiqué la tortue d'eau douce à l'embouchure du Rhône dans le lac. (On la retrouve encore aujourd'hui dans d'autres localités de la Suisse.) Le sanglier, le chevreuil, le cerf ne s'y rencontrent plus ; cependant les noms de plusieurs localités nous rappellent que le temps n'est pas très-éloigné où on les voyait encore dans nos forêts.

Voici les noms des mammifères les plus remarquables qui visitent encore aujourd'hui cette partie de pays : l'*Ours*, le *Lynx* et le *Chevreuil* (rares), le *Chamois*, le *Blaireau*, la *Loutre*, le *Chat sauvage*, le *Lièvre blanc*, le *Loir*, le *Rat d'eau* et le *Muscardin*.

Le voisinage des Alpes et le magnifique bassin du Léman font de notre lac le rendez-vous de *presque tous les oiseaux de passage de l'Europe ;* on y voit même quelquefois des canards de l'Amérique septentrionale.

Voici les noms des plus rares, que je dois à l'obligeance de M. J. Quinclet : Falco peregrinus, *Faucon pélerin ;* Falco nœvius, *Aigle tacheté ;* Falco haliatus, *Aigle balbuzard ; Kobet à pieds rouge ;* Milvus ater, *Milan noir ;* Pyrrhocorax graculus, *Pyrrhocorax Coracias ; Loriot*, Oriolus Galbula ; *Merle de roche*, Turdus saxatilis ; *Tichodrome Echelette*, Ticodroma Phœnicoptera ; *le grand Tetras*, Tetrao urugallus ; *Tetras ptarmigan*, Tetrao lagopus; *Outarde grande*, Otis turda; *Huitrier pie*, Hœmatopus ostralegus; *Cigogne blanche et noire*, Ciconia alba et nigra; *Spatule blanche*, Platalea Leuco rodia; *Ibis falcinelle*, Ibis falcinellus; *Stercoraire Cataracte*, Lestris Cataractes (décembre 1841); *Oie bernache*, Oie cravant; *Cygne sauvage*, Anas cygnus (tué sur le lac de Brêt en hiver 1829, dans la collection de M. Chappuis, conseiller d'état à Chexbres); *Canard double macreuse*, Anas fusca; *Canard siffleur happé*, Anas rufina; *Cormoran* (tué à Villeneuve 1840); *Guillemot à capuchon*, Uria Troile, *Canard Eider*, Anas mollissima; *Canard à tête grise*, Anas spectabilis : l'on fait une chasse très-active tous les hivers aux *Grèbes* qui fournissent une des fourrures les plus recherchées.

Notre lac renferme *vingt espèces de poissons*. *La Lotte*, Gadus Lota; *le Chabot*, Cottus Gobio; *la Perche*, Perca fluviatilis; *la Loche franche*, Cobitis Barbatula; *la Truite*, Salmo Trutta; *l'Ombre chevalier*, Salmo Umbla; *l'Ombre commun*, Corregonus Thymallus; *la Ferra*, Corregonus Fera; *la Gravenche*, Corregonus hiemalis; *la Carpe*, Cyprinus Carpio; *la Tanche*, Cyprinus Tinca; *le Chevesne*, Cyprinus Jeses, *le Rotengle*, Cyprinus Erythrophtalmus; *la Rosse*, Cyprinus Rutilus; *le Goujon*, Cyprinus Gobio; *l'Able*, Cyprinus Alburnus; *la Vaudoise*, Cyprinus Jaculus; *le Spirlin*, Cyprinus Bipunctalus; *le Veron*, Cyprinus Phoxinus; *le Brochet*, Esox Lucius. On consultera avec plaisir l'ouvrage de M. Jurine sur les poissons du Léman. Les espèces du lac de Brêt sont : le Brochet, la Tanche, la Perche, le Rotengle, l'Able. Le poisson le plus estimé est la Truite, qui atteint quelquefois le poids de 50 livres; il n'est pas rare d'en voir de 30 livres; l'automne elle remonte le Rhône, et à cette époque on peut s'accorder le plaisir de la pêcher avec tout le succès possible.

Le Catalogue des *mollusques terrestres et fluviatiles de la Suisse* par J. de Charpentier nous fait connaître 137 espèces différentes; la variété des stations, l'heureuse exposition de notre contrée, la présence du calcaire et de la molasse, toutes ces circonstances font qu'une bonne partie de ces coquillages peuvent être recueillis dans nos environs; voici les noms des espèces les plus rares : Helia carthusianella, candidula, striata, glabra; cyclostoma elegans; Planorbis contortus, carinatus; Valvata planorbis; Ancylus lacustris; Anodonta cygnea, Anatina, intermedia; Cyclas rivalis.

Rod. Blanchet.

Vevey, le 12 février 1842.

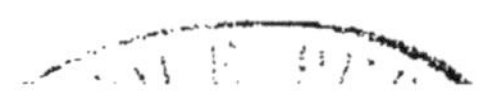

www.ingramcontent.com/pod-product-compliance
Ingram Content Group UK Ltd.
Pitfield, Milton Keynes, MK11 3LW, UK
UKHW020550230726
13925UKWH00006B/2518

9 782013 614290